Sind w

Neuhardenberger Gespräche zur Zeit 5

Jana Hensel, Thea Dorn und
Thomas Brussig
im Gespräch mit Volker Panzer

Sind wir ein Volk?

25 Jahre nach dem Mauerfall

FREIBURG · BASEL · WIEN

Die Veranstaltung »Sind wir ein Volk?« fand am 14. September 2014
auf Schloss Neuhardenberg statt.
Die Reihe ›Neuhardenberger Gespräche zur Zeit‹ ist ein Projekt der
Stiftung Schloss Neuhardenberg.
www.schlossneuhardenberg.de

© Verlag Herder GmbH, Freiburg im Breisgau 2015
Alle Rechte vorbehalten
www.herder.de

Fotos im Innenteil:
© Stiftung Schloss Neuhardenberg/Thorsten Stapel

Satz: Barbara Herrmann, Freiburg
Herstellung: CPI books GmbH, Leck

Printed in Germany

ISBN 978-3-451-32957-9

Sind wir ein Volk?
25 Jahre nach dem Mauerfall

VOLKER PANZER: Herzlich willkommen hier in der Orangerie des Schlosses Neuhardenberg am Tag der Landtagswahlen in Brandenburg und in Thüringen, im Jahr 25 nach dem Mauerfall. Fangen wir mit einem Witz an. Sagt ein Wessi zum Ossi: »Wir sind ein Volk.« Antwortet der Ossi: »Ja, wir auch.« Ist das überhaupt ein Witz? Fragen wir das Institut für Demoskopie in Allensbach: 42 Prozent der Ostdeutschen fühlen sich noch immer als Bürger zweiter Klasse; 45 Prozent der Wessis sagen: Die Ossis sind immer unzufrieden; 79 Prozent der Ossis sagen: Der Wessi ist vor allem arrogant und immer nur aufs Geld aus; jeder Dritte im Osten empfindet die Wiedervereinigung rückblickend als einen Akt der Kolonialisierung. Auch 24 Jahre nach der Wiedervereinigung sind die Löhne in Ostdeutschland immer noch geringer als im Westen unseres Landes. Aber andererseits, so hat das Institut der Deutschen Wirtschaft herausgefunden, gibt es, wenn die Kaufkraft zugrunde gelegt wird, mehr Regionen im Westen, in denen die Menschen arm sind, als im Osten. Und im Bericht zum Stand der Deutschen Einheit des Innenministeriums heißt es sogar: »Aus der einstigen Planwirtschaft ist eine wissensbasierte Industrieregion mit zunehmend wettbewerbsfähigen Unternehmen geworden. Im Hinblick auf Qualifikation, Engagement und Flexibilität gehören die ostdeutschen Arbeitnehmer zur weltweiten Spitzengruppe.« Also doch blühende Landschaften? 25 Jahre nach dem 9. November 1989 fragen wir, ob der Ruf der Zehntausenden damals, ob »Wir sind das Volk«, das zu »Wir sind ein Volk« geworden ist, tatsächlich gehört wurde? Oder umgekehrt: Was hindert uns bis heute daran, ein Volk zu sein?

Meine Gäste: Thomas Brussig, Schriftsteller, ist in Berlin, Hauptstadt der DDR, geboren. Berufsausbildung als Baufacharbeiter, Abitur. 1984 bis 1990 wechselnde Tätigkeiten, unter anderem Museumspförtner, Tellerwäscher, Reiseleiter, Hotelportier, Fabrikarbeiter, Fremdenführer. Dazwischen Wehrdienst. Seine Bücher ›Helden wie wir‹ (1995), ›Am kürzeren Ende der Sonnenallee‹ (1999) und ›Wie es leuchtet‹ (2004) sind heute Bestseller und Standardwerke; vor allem deshalb, meint Jonathan Franzen, weil er mit seinen Büchern ein totalitäres Regime auslache. Thomas Brussig war 24 Jahre alt, als die Mauer fiel, und er sagt: »Solange wir noch jemanden danach bewerten, ob er aus dem Osten oder aus dem Westen kommt, ist die innere Einheit bei uns nicht vollzogen.« Herzlich willkommen, Thomas Brussig.

Jana Hensel, Journalistin und Autorin, wurde in Borna in Sachsen geboren und wuchs in Leipzig auf. Sie studierte Romanistik und Neuere deutsche Literatur in Leipzig, Marseille, Berlin und Paris. 2002 erschien ihr Sachbuchbestseller ›Zonenkinder‹, 2008 ihr zweites, autobiografisch gefärbtes Buch ›Neue deutsche Mädchen‹. Anfang Oktober 2009 erschien der Essayband ›Achtung Zone! Warum wir Ostdeutschen anders bleiben sollten‹. Seit 2012 ist sie Stellvertretende Chefredakteurin der Wochenzeitung ›Der Freitag‹, die in Berlin erscheint. Als die Mauer fiel, war sie 13 Jahre alt, und sagt bzw. hat geschrieben: »Wir sind die ersten Wessis aus Ostdeutschland.« Herzlich willkommen, Jana Hensel.

Thea Dorn ist Schriftstellerin, Drehbuchautorin und Fernsehmoderatorin. Sie wurde in Offenbach am Main geboren, wuchs in Frankfurt am Main auf und begann nach dem Abitur eine Gesangsausbildung. Später studierte sie Philosophie und Theaterwissenschaft in Frankfurt, Wien und Berlin. Neben Krimis hat sie auch Theaterstücke geschrieben. Ihre Fernsehfilme erreichten jedes Mal ein großes Publikumsinteresse. 2006 erschien als ein Beitrag zur Feminismus-Debatte ihr erstes Sachbuch ›Die neue F-Klasse‹. 2011 veröffentlichte sie zusammen mit dem rumänischen Autor Richard Wagner den voluminösen Essayband ›Die deutsche Seele‹. Als die Mauer fiel, war sie 19 Jahre alt, sie sagt: »Eigentlich ist Deutschland mit seiner zerklüfteten Seele prädestiniert, Gegensätze auszuhalten.« Herzlich willkommen, Thea Dorn.

Und die Fragen in dieser Runde stellt Volker Panzer. Er ist im Saarland geboren, also ganz weit im Westen, und war 15 Jahre lang Moderator des ZDF-Nachtstudios aus Berlin. Er war 14 Jahre alt, als die Mauer gebaut wurde.

Meine erste Frage an die Runde liegt auf der Hand: Wo waren Sie am 9. November 1989? Herr Brussig?

v.l.n.r.: Volker Panzer, Thea Dorn, Jana Hensel, Thomas Brussig

THOMAS BRUSSIG: Ich war in Berlin. Mehr will ich eigentlich nicht sagen. Ich habe mal ein Buch in Ich-Form geschrieben, in dem der Ich-Erzähler die Mauer umgeschmissen hat ...

VOLKER PANZER: ›Helden wie wir‹.

THOMAS BRUSSIG: ... und da die Leser nicht immer so gut abstrahieren können zwischen Ich-Erzähler und Autor, dachte ich mir, ich werde an dieser Legende nicht mehr rühren, und lasse das mal so stehen.

VOLKER PANZER: Frau Dorn?

THEA DORN: Ich war irgendwo in Westdeutschland, vermutlich in Frankfurt. Ich weiß tatsächlich nicht ganz genau, was ich am 9. November 1989 gemacht habe. Daraus kann man schon schließen, dass ich mich in meiner 19-jährigen Unbekümmertheit von diesem Ereignis nicht allzu sehr erschüttern ließ. Erst viele Jahre später dämmerte mir, was ich an diesem Tag eigentlich hätte erleben können oder müssen. Ich weiß nur noch, dass ich mich gefragt habe, ob jetzt meine Abitur-Note nachträglich nach unten korrigiert würde. Ich habe in Frankfurt am Main im Mai 1989 Abitur gemacht und in dem Fach, das bei uns Gemeinschaftskunde hieß, ging es in der schriftlichen Prüfung um die Frage: »Geteiltes Deutschland – ist eine Wiedervereinigung denkbar?« In diesem Aufsatz hatte ich ausführlich begründet, wieso die Wiedervereinigung undenkbar sei und auch nicht kommen werde. Dafür habe ich die Bestnote bekommen.

THOMAS BRUSSIG: Das hätte Ihnen aber auch in der DDR passieren können.

THEA DORN: Na ja, die Ideologie, dass die deutsche Teilung eine tolle Sache sei, wollte sich eben auch das juste milieu der Bundesrepublik nicht verderben lassen.

VOLKER PANZER: Frau Hensel, Sie waren 13 Jahre alt. Also ist es im Prinzip eine falsche Frage, wenn man wissen will: Wo waren Sie? Wahrscheinlich zu Hause. Aber wie haben Sie es erlebt?

JANA HENSEL: Nein, so ganz falsch ist die Frage nicht. Ich bin aus Leipzig, und für die Leipziger ist dieser 9. November natürlich wichtig, aber der

9. Oktober fast noch wichtiger, weil das der Tag der Demonstration in Leipzig war, bei der es Gerüchte gab, dass man sie gewaltsam auflösen würde. Ich war mit meiner Mutter in den ganzen Wochen davor immer auf den Montagsdemonstrationen gewesen. Das sind für mich die eigentlich prägenden Erlebnisse. Leipzig liegt ja auch nicht an der Mauer. Aber ich habe durch die Montagsdemonstrationen mit meiner Mutter noch eine körperliche Erinnerung an diese Zeit. Den Mauerfall im Fernsehen gesehen zu haben, ist die schwächere Erinnerung.

VOLKER PANZER: Zum 25. Jahrestag sollte ein Denkmal in Leipzig gebaut werden, was aber verschoben wurde, weil kein Geld da war. Sie haben einmal darüber geschrieben, dass man heute in dieser Fülle in Leipzig gar nicht mehr demonstrieren könnte. Woran liegt das?

JANA HENSEL: Interessant ist ja, dass man denkt, solche Demonstrationen träfen Städte zufällig. Aber wenn man sich ein bisschen damit befasst, dann ist es gar nicht so zufällig, dass diese Montagsdemonstrationen in Leipzig passiert sind. Nicht nur, weil Leipzig eine Messestadt war, relativ offen und mit bürgerlicher Tradition. Auch die architektonische Anlage der Stadt ist wie gemacht für eine Demonstration. Sie werden das kennen: Es gibt diesen Ring, über den man wunderbar laufen kann. Und es gab eben damals auch noch große Plätze, auf denen man sich treffen konnte, der Karl-Marx-Platz vor der Oper war ein unbebauter Platz. Ich habe mal einen etwas spöttischen Essay darüber geschrieben, dass man inzwischen alle Leipziger Innenstadtplätze umgestaltet hat. Den Sachsenplatz gibt es nicht mehr, weil das Museum dort steht. Auch der war ein relativ großer Platz. Auf dem Karl-Marx-Platz hat man einen großen Springbrunnen angelegt. Und dann gibt es diese sogenannten Milchtöpfe, diese Eingänge zu den Tiefgaragen. Mir ist das aufgefallen, als es die Demonstrationen gegen Hartz IV gegeben hat, auch ausgehend von der Nikolaikirche, von jenem Christian Führer, der vor ein paar Wochen gestorben ist. Und da sah man, dass auf diesem Platz, wo sich 1989 Hunderttausende treffen konnten, die Leute, die gegen Hartz IV demonstriert haben, keinen Platz fanden. Das habe ich versucht zu beschreiben.

VOLKER PANZER: Frau Dorn, Sie sind aus Frankfurt am Main. Frankfurt am Main ist ja nun auch bekannt für Demonstrationen der 68er. Wie haben Sie den Mauerfall und die Jahre danach erlebt? Kam da so etwas wie eine Solidarität mit den ostdeutschen Demonstranten auf?

THEA DORN: Das war im Westen extrem abhängig davon, ob man Verwandtschaft in der DDR hatte oder nicht. Diejenigen bei uns in der Schule, die Familie in der DDR hatten, hatten natürlich ein ganz anderes Verhältnis zu den Ereignissen als ich. Ich habe zwar eine Tante, die aus Thüringen stammt, aber die ist lange vor meiner Geburt in die Bundesrepublik gekommen und wurde von mir in keiner Weise als »Ostverwandtschaft« wahrgenommen. Es ist kein Ruhmesblatt – aber ich würde mich in dieser Frage als typische Vertreterin meiner Generation West betrachten – und die traurige Wahrheit ist, dass uns die ganze Geschichte allenfalls beiläufig interessiert hat. Wenn man in den späten 80ern diffus links dachte, wie es die meisten Bürgerkinder taten, neigte man zu der Position von Günter Grass: Bloß keine Wiedervereinigung, bloß kein Deutschland mit großem D mehr. Erst später wurde mir klar, dass diese Haltung nicht heroisch, sondern sowohl intellektuell als auch moralisch äußerst schwach war. Wir sind groß geworden mit einer starken Fremdheit gegenüber jeglichem Nationalgefühl. Und wenn man keinerlei Bewusstsein davon hat, dass man eine Nation ist, interessiert es einen auch nicht, ob man plötzlich eine größere Nation ist oder eben diese künstlich halbierte. Wir haben unser vom Wohlstand gezeichnetes, spätpubertierendes Leben geführt. Die Fragen waren eher: Kann ich es mir leisten, zum Studieren nach Paris oder nach London zu gehen? Aber dass es etwas mit einem macht, mit der eigenen Identität, mit dem Selbstgefühl, wenn plötzlich dieser fehlende Teil von Deutschland wieder dazugehört, das habe ich erst angefangen zu ahnen, als ich 1991 nach Berlin gezogen bin. Und wirklich begriffen habe ich es eigentlich erst vor einigen Jahren, als ich es selbst plötzlich als großen Mangel zu empfinden begann, wie wenig ich über die östlichen Bundesländer wusste: Ich fing systematisch an herumzureisen, in Thüringen und Sachsen vor allem. Da habe ich gemerkt, dass ich mich dort auf eigentümliche Weise sehr zu Hause und vertraut fühle.

VOLKER PANZER: Warum so vertraut? Für mich, ich bin ja auch einer aus dem Westen, ist das immer noch etwas anderes, als wenn ich zum Beispiel nach Hause ins Saarland fahre oder durch Rheinland-Pfalz. Wenn ich an die Ostsee fahre, habe ich durch die großen Landwirtschaftsflächen ein ganz anderes Landschaftsgefüge vor mir, die sehen alle anders aus. Was war das Heimische bei Ihnen?

THEA DORN: Als ich beispielsweise zum ersten Mal in der Sächsischen Schweiz wandern war, in der ich nie zuvor gewesen bin, dachte ich: Endlich darf ich durch Wälder gehen, die aussehen wie ich mir Märchenwälder immer vorgestellt habe in meiner Kindheit. Ich verspürte dort auf Anhieb eine Art von kulturellem Heimatgefühl, das viel tiefer ging als alle Erinnerungen an Orte in Westdeutschland. Darüber habe ich in meinen Buch ›Die deutsche Seele‹ zu schreiben versucht. Wer sich auf die Suche nach der deutschen Seele machen will, sollte die A4 entlangfahren und möglichst oft rechts und links Rast machen, also den ganzen Kulturlandschaftsstreifen von Dresden bis nach Eisenach erkunden. Ich wurde oft gefragt, ob ich so ein Buch über die deutsche

Seele auch schon früher hätte schreiben können – nein, zu Zeiten der Teilung nicht. Wenn ich etwa anfange, mich mit der deutschen Romantik oder gar mit der deutschen Klassik zu beschäftigen, dann gehören Jena und Weimar ganz selbstverständlich dazu. Dass sie 40 Jahre im anderen Teil, im anderen Deutschland lagen, interessiert mich dann nicht mehr.

VOLKER PANZER: Kann man das so schnell vergessen? Ich meine, Herr Brussig, Sie haben geschrieben oder im Interview gesagt: »Die Maueröffnung war das glücklichste Ereignis meines Lebens.« Kann man diese 40 Jahre vergessen?

THOMAS BRUSSIG: Auf eine lange Dauer bezogen sind sie natürlich eine Episode. Und da die DDR auch kein solches Maß an Schuld und an Opfern auf sich geladen hatte, wie es in den zwölf Jahren des ›Dritten Reichs‹ passiert ist, werden auch in der langfristigen Betrachtung die DDR und die Zeit der Teilung eher eine Episode bleiben. Aber ich glaube, dass gerade die Teilung Fragen nach der deutschen Seele, nach der deutschen Kulturnation interessant gemacht hat. Da gab es Gefährdung, da gab es Angriffe, da wusste man nicht, wie lange das dauern wird. Da hat man in Ost und West Einsen im Abitur-Aufsatz gekriegt, wenn man begründet hat, warum das noch lange so sein wird. Ich glaube, dass gerade die Teilung auch zu einem bestimmten Zusammengehörigkeitsgefühl geführt hat, weil die Teilung eben nicht etwas Selbstverständliches war. Wenn man in die Welt schaut, gibt es nur ganz wenige Länder, die ein ähnliches Schicksal haben. Und mit der Einheit sollten plötzlich Dinge normal werden, die aber doch nicht so leicht normal werden. Ich habe, ähnlich wie Thea Dorn, die deutsche Einheit nicht gebraucht, nicht gewollt, ich konnte mir das auch schlecht vorstellen. Wie sollte das gehen? Die Westdeutschen kannte ich: In einem meiner vielen Jobs war ich Hotelportier, da hatte ich viel mit Westdeutschen zu tun. Es waren wunderbare Menschen, aber ganz anders als wir. Mit denen in einem Land? Das verstand ich nicht. Das würde nicht funktionieren. Nach der staatlichen Einheit habe ich sehr schnell begriffen, dass es meine Aufgabe, die Aufgabe meiner Generation ist, dieses Unding der Einheit doch hinzubekommen. Das war zunächst von der Politik und nicht von mir gewollt und es sollte nun irgendwie mit Leben gefüllt werden. Dass es nicht dazu kommen sollte, dass die Ostdeutschen sagen: »Wir wollen das nicht«, und dann irgendwann ein Referendum erzielt wird, war mir relativ schnell klar, spätestens 1991.

VOLKER PANZER: Sie sind ja im Prinzip der Schriftsteller, der allen Deutschen die Lektion erteilt hat, dass man darüber auch lachen kann. Es gibt ein Interview von Jonathan Franzen mit Daniel Kehlmann. Er erwähnt Sie darin und sagt: Wenn er mehr Zeit hätte, würde er alle Ihre Bücher ins Englische übersetzen. Sie haben 2004 das bislang letzte Buch zu unserem Thema geschrieben: ›Wie es leuchtet‹, ein Panoptikum der Wendezeit, kann man sagen. Dann haben Sie zusammen mit Edgar Reitz das Drehbuch zu ›Heimat 3 – Chronik einer Zeitenwende‹ geschrieben, später das Libretto für Udo Lindenbergs Musical ›Hinterm Horizont‹. Woran arbeiten Sie jetzt? Das ist eine persönliche Frage, aber sind Sie thematisch festgelegt?

THOMAS BRUSSIG: Ohne, dass ich das wollte, muss ich doch über mein nächstes Buch sprechen. Ich habe meine Autobiografie geschrieben. Allerdings tue ich in dieser Autobiografie so, als würde es die DDR heute noch geben. Es ist eine Autobiografie, die in eine noch existierende Teilung hinein verlängert wird. Na ja, ich meine, große Künstler haben sowieso immer nur ein Thema. Grass hat auch immer nur über Danzig geschrieben, Hertha Müller immer nur über Rumänien. Vielleicht kriege ich ihn ja auch mal, den Nobelpreis, wenn ich immer nur über die DDR schreibe. – Sie haben mir versprochen, dass das nicht gesendet wird ...

JANA HENSEL: ... aber gedruckt.

VOLKER PANZER: Wir sind ja unter uns hier.

THOMAS BRUSSIG: Um wieder ernsthaft zu werden: Es passiert mir tatsächlich, dass ich überall auf der Welt ein deutscher Schriftsteller bin, nur in Deutschland bin ich ein ostdeutscher Schriftsteller. Interessanterweise gibt es keine westdeutschen Schriftsteller, auch in Deutschland nicht. Es gibt deutsche Schriftsteller oder ostdeutsche Schriftsteller. Ich habe mich daran gewöhnt, ich werde auch als ostdeutscher Schriftsteller sterben. Das führt jetzt vielleicht ein bisschen weg, aber wenn ich so eine Fragestellung lese, wie sie auf

dem Plakat steht: »Sind wir ein Volk?«, müsste es heute natürlich gerade auch um die Integration von Ausländern gehen. Das ist die wirkliche Zukunftsfrage. Wenn man die Hoffnungen zum Maßstab nimmt, haben wir die deutsche Einheit vergeigt. Nimmt man die Befürchtungen zum Maßstab, ist sie geglückt. Da wird sich in den nächsten Jahren und Jahrzehnten auch nicht mehr so viel tun. Es wird ...

VOLKER PANZER: Moment mal.

THOMAS BRUSSIG: ... nur noch ein bisschen weiter zusammenwachsen. Aber es wird nicht so werden wie in Schottland, ...

VOLKER PANZER: Nein.

THOMAS BRUSSIG: ... dass die Ostdeutschen plötzlich sagen: Wir wollen nicht mehr dazugehören.

THEA DORN: Eher die Bayern.

THOMAS BRUSSIG: Oder dass die Westdeutschen sagen: Wir wollen sie loswerden.

VOLKER PANZER: Frau Hensel, Ihr letztes Buch von 2009 heißt ›Achtung Zone! Warum wir Ostdeutschen anders sein sollen‹.

JANA HENSEL: ... ›bleiben sollen‹.

VOLKER PANZER: Oder ›bleiben sollen‹. Ist das heute, fünf Jahre später, immer noch Ihre Meinung?

JANA HENSEL: Das Buch erschien zum 20. Jahrestag des Mauerfalls. Ich mag diese krampfhafte Suche nach dem Gleichsein nicht. Ich glaube, dass es wichtiger ist, in dieser Differenz zu bleiben und sie, das klingt ein bisschen komisch, durchaus positiv zu formulieren. Wenn man sich die Realitäten in Ost und West ansieht – und dafür muss man gar nicht lange suchen –, gibt es im Grunde genommen keine einzige Zahl, bei der Ost und West übereinstimmen. Selbst in den Zahlen, wie viele Kinder sie kriegen, sind die Ostdeutschen und Westdeutschen noch sehr, sehr weit voneinander entfernt. Sie haben schon gesagt, die Einkommensverhältnisse sind noch nicht gleich. Auch wenn sie sich eines Tages annähern, werden sich die Vermögensverhältnisse nicht mehr annähern: Über 90 Prozent des deutschen Vermögens liegt in westdeutscher Hand, das ist auch in drei Generationen nicht aufzuholen. Sie haben hier andere Bevölkerungsstrukturen, was damit zu tun hat, dass gut 30 Prozent der ehemaligen DDR-Bürger in den letzten 25 Jahren nach Westdeutschland gegangen sind. Meine Generation ist zu sehr, sehr großen Teilen in die alte Bundesrepublik gegangen. Das verändert Gesellschaften. Das lässt sie anders denken. Das lässt sie andere Werte empfinden. Mir ist es wichtig, das immer wieder zu sagen, auch weil ich als Journalistin arbeite und in der Öffentlichkeit stehe. Wir können nicht davon ausgehen, dass diese beiden Räume gleich sind oder dass sie sich angleichen werden. Das heißt aber nicht, dass der ostdeutsche Raum ein schlechterer ist, er ist nur grundsätzlich anders aufgestellt als der westdeutsche. Wenn wir heute in Brandenburg wählen oder wenn wir uns an die Wahl in Sachsen vor zwei Wochen erinnern, dann sehen wir das und nehmen es zur Kenntnis. Dann sind wir vielleicht darüber erschrocken. Aber vor allem sehen wir, dass diese Räume unterschiedlich ticken.

VOLKER PANZER: Woran machen Sie das fest? Machen Sie das an der AfD fest?

JANA HENSEL: Interessant ist, dass Sie eine andere politische Landschaft haben: Sie haben mit der Links-Partei im gesamten ostdeutschen Raum quasi eine dritte Volkspartei. Es ist dann eher ein Problemwechsel, manchmal für die SPD wie in Sachsen, die nicht auf die Beine kommt, in anderen Ländern ist es ein Problem für die CDU. Sie haben völlig andere politische Landschaften. Dann gibt es in Sachsen, obwohl es das prosperierende aller fünf ostdeutschen Länder ist, immer diese zehn bis fünfzehn Prozent Wähler, von denen wir eigentlich glauben, sie hielten sich außerhalb des demokratischen Spektrums auf, oder sie wählten aus Protest. Diese Wählerschaft geht nicht zurück, sie stabilisiert sich. Woher kommt das? Das sind komplexe Fragen, die man jetzt auch gar nicht beantworten muss. Aber was mir vor zwei Wochen nach der Landtagswahl in Sachsen aufgefallen ist: Wie reagiert die Öffentlichkeit auf so ein Ergebnis? Man fragt nach den Defiziten der Wählerschaft. Während nach Wahlen in westdeutschen Bundesländern nach den Defiziten der Politiker gefragt wird, fragen wir nach den Defiziten der Wähler.

VOLKER PANZER: Woran liegt das? Liegt das an den Medien?

JANA HENSEL: Das ist sehr komplex. Aber es liegt natürlich an den Medien. Ich weiß nicht, ob Sie nach der Sachsen-Wahl Fernsehen geschaut haben. Ich habe irgendwann aufgehört zu zählen, wie oft die Reporter und Journalisten in Sachsen Namen falsch ausgesprochen haben, Positionen verwechselt haben, Namen falsch zugeordnet haben. Da ist also ein Tross aus Berlin für fünf Stunden nach Sachsen gefahren, um Wahlberichterstattung zu machen. Es ist leider so. Wir berichten aus diesen Räumen nicht. Und die ostdeutschen Länder-Parlamente haben auch aufgehört zu glauben, man würde außerhalb von Wahl-Sonntagen zu ihnen schauen. Das prägt die politischen Debatten, das prägt das politische Miteinander der Fraktionen in den Landtagen stark. Diese Fremdheit zwischen Ost und West spürt man immer noch. Beide Teile fremdeln noch sehr stark miteinander und die Unkenntnis ist sehr, sehr groß, die Unkenntnis darüber, was innenpolitisch, was gesellschaftlich tagtäglich in Erfurt, in Dresden, in Potsdam, in Schwerin und in Rostock verhandelt wird. Davon erfahren wir außerhalb der Wahl-Sonntage nichts.

VOLKER PANZER: Wie ist das im Westen? Heute wird auch in Thüringen gewählt. Und da gibt es eine mögliche Veränderung, nämlich dass die Links-Partei mit Ramelow vielleicht stärkste Fraktion wird, wir werden es heute Abend wissen. Gleichzeitig ist Ramelow jemand aus dem Westen, der 1990 von Hessen dorthin gekommen ist. Die SPD überlegt, ob sie die Linke unterstützt, ob sie mit ihr eine Koalition eingeht. Ist das, wenn man so will, eine nur in Ostdeutschland vorstellbare Konstellation? In Bayern kann man sich das nicht vorstellen, obwohl die SPD in Bayern genauso schwach ist. Frau Dorn, würden Sie Frau Hensel darin unterstützen, dass es tatsächlich noch solche großen Unterschiede in der Politik gibt?

THEA DORN: Natürlich gibt es immense Mentalitätsunterschiede, wenn man das Augenmerk erst einmal nur auf die Gegenwart oder auf die jüngste Vergangenheit richtet, das ist gar keine Frage. Die haben mit der unmittelbaren biografischen Prägung zu tun: In welchem politischen System man zehn, zwanzig oder gar vierzig Jahre lang gelebt hat, geht natürlich nicht spurlos an einem vorüber. Mich interessiert seit Jahren aber eher die Frage: Was ist damals bei dieser Wiedervereinigung passiert, die wir – bei allem Anfangsfreudentaumel – letztlich doch sehr bürokratisch, ja beinahe herzlos durchgezogen haben? Etwas polemisch könnte man sagen: Eigentlich ist nicht mehr geschehen, als dass die DDR dem bundesrepublikanischen Verwaltungs- und Wirtschaftsraum angegliedert wurde. Damit wurden natürlich auch die Weichen für Fremdheit gestellt. Bei aller Jetzt-wächst-zusammen-was-zusammen-gehört-Rhetorik – man scheute sich davor, ausführlich darüber nachzudenken, was dieses wiedervereinigte Deutschland eigentlich sein soll, wo seine gemeinsamen historischen und kulturellen Wurzeln liegen. Wo soll ein Zusammengehörigkeitsgefühl herkommen, wenn sich die Selbstwahrnehmung im Wesentlichen darauf beschränkt, dass wir im Westen Nutella hatten und die im Osten hatten – wie hieß das?

JANA HENSEL: Nudossi.

THEA DORN: Nudossi, genau.

THOMAS BRUSSIG: So war das mit den Westdeutschen, denen konnte die DDR am besten als eine Markenwelt erklärt werden. Das war ja auch die Erfolgsursache von ›Goodbye Lenin‹.

THEA DORN: Ja, absolut. Das ist auch gar kein Vorwurf an die Ostseite, das ist durchaus kritisch in Richtung Westen gemeint.

THOMAS BRUSSIG: So ticken eben die Westdeutschen, ja? Als Markenwelt ist die DDR verständlich.

THEA DORN: Letztlich steckt dahinter doch ein tieferes Problem: In den frühen 90ern grassierte eine unglaubliche Angst, welches Monster wir gebären, wenn Deutschland wieder *ein* Land ist.

THOMAS BRUSSIG: Ja. Viertes Reich und so.

THEA DORN: Diese Angst legte sich dann nach und nach – aber dennoch wurde jede Diskussion darüber, was uns Deutsche zusammen hält oder halten könnte, mit dem Ton einer besserwissenden Gereiztheit weggebügelt. Wenn der Titel dieser Veranstaltung fragt »Sind wir ein Volk?«, würde ich sagen: Wahrscheinlich nicht. Natürlich haben die allermeisten, die in Deutschland leben, einen deutschen Pass und zahlen hier Steuern oder empfangen Transferleistungen oder tun beides oder wie auch immer. Aber die Idee, dass es darüber hinaus irgendetwas gibt, das uns verbindet, ist doch sehr, sehr schwach ausgeprägt. Was ich allerdings spannend finde: In den letzten Jahren ist mir klar geworden, dass der kulturelle Nationalstolz in der DDR deutlich stärker ausgeprägt war als im Westen. Bei der Recherche für meinen neuen Roman bin ich zum Beispiel auf den Skandal gestoßen, den die geplante Faust-Oper von Hanns Eisler in den 50er Jahren in der DDR ausgelöst hat. Da waren unglaublich nationalistische Texte – unter anderem im ›Neuen Deutschland‹ – zu lesen, allesamt mit dem Tenor, dass dieses höchste deutsche Kulturgut nicht so schändlich verhunzt werden dürfe. Diese offizielle Berufung aufs Deutsche – das hätte sich im Westen keiner getraut. All diese Diskussionen über deutsche Missverständnisse und Paradoxien haben ja in den letzten 25 Jahren nicht wirklich stattgefunden.

VOLKER PANZER: Müssten sie denn jetzt noch stattfinden?

THEA DORN: Absolut.

JANA HENSEL: Ich finde auch, sie müssten geführt werden. Betrachten wir doch das Jahr 1989 und den Mauerfall als eine größere Zäsur als nur die, dass Ost- und Westdeutschland zusammenkommen. Es ist eine europäische Zäsur gewesen und hat auch ein deutsches Jahrhundert voller Gräuel und Schrecken beendet. Und wenn wir das jetzt im Nachhinein betrachten, kann ich es mir nur so erklären, dass man 1989 Angst hatte, die Gespenster der deutschen Geschichte kehrten zurück. Vielleicht wäre es aber ganz gut gewesen, wir hätten diese Gespenster in den Debatten aufgerufen.

VOLKER PANZER: Wie denn?

JANA HENSEL: Wir hätten uns darüber verständigt.

VOLKER PANZER: Es gab ja mal die Forderung einer Konföderation, also nicht nach einem gemeinsamen Vaterland. Wäre das richtig gewesen? Das glaube ich nicht.

JANA HENSEL: Ob man dafür gleich ein politisches Gebilde hätte schaffen sollen oder nicht, kann ich nicht sagen. Aber gucken Sie, Sie haben es selbst gesagt: 40 Jahre sind nicht viel Zeit. Und doch haben es diese 40 Jahre geschafft, beide Gruppen, um es so zu formulieren, weit voneinander zu entfernen. Das ist nur mit dem Jahr 1945 und der extremen Traumatisierung durch den Zweiten Weltkrieg zu erklären. Zwei Völker, zwei Gruppen suchen darauf Antworten. Diese Antworten sind maximal unterschiedlich. Aber das kommt 1989 gar nicht auf den Prüfstand.

THEA DORN: Das stimmt.

JANA HENSEL: Darüber wird 1989 nicht gesprochen. Die alte Bundesrepublik fragt sich nicht: Was haben wir eigentlich? Was war eigentlich unsere Antwort auf 1945? Und was war eigentlich die Antwort der DDR auf 1945? Denn es waren zwei Antworten. Im Grunde genommen, und das ist interessant, hat man 1989 ähnlich versucht zu antworten, wie man 1945 versucht hatte zu antworten, nämlich mit Wohlstand. Man hat sich an das Wirtschaftswunder erinnert, das hielt man irgendwie für patent, das hatte einen Erfolg beschert. Und das hat man 1989 genauso gemacht.

THEA DORN: Aber ist das …

JANA HENSEL: Ganz kurz noch – die 15 Prozent Sachsen, die sich am äußersten demokratischen Rand bewegen, sind immer noch die Folgen davon.

THEA DORN: Ja. Hat das damit zu tun, dass wir nach 1945 in den beiden Deutschlands – beziehungsweise wäre es korrekter zu sagen: nach 1949 – mit diesen zwölf Jahren Nationalsozialismus anders umgegangen sind?

JANA HENSEL: Beide sind auf ihre Art nicht damit umgegangen, muss man sagen.

THEA DORN: Zumindest im Westen gab es ja die Rede von der »Stunde Null«. Man drückte gewissermaßen die historische Reset-Taste und tat so, als könne man die Vergangenheit vergessen und einfach noch mal von vorne anfangen: Wirtschaftswunder, Wohlstand, freie Fahrt für freie Bürger, dadurch waren wir wieder wer. Im Osten war dagegen der Antifaschismus Staatsdoktrin, aber er war aus meiner Sicht nicht in der Bevölkerung angekommen. Wie haben Sie das in der Schule erlebt?

THOMAS BRUSSIG: Na ja, Antifaschismus war präsent. Da war auch nicht dran zu rühren. Aber ich will das jetzt hier gar nicht groß mit meinen Erinnerungen ausschmücken. Es war schon so, dass die DDR, finde ich, für das »Dritte Reich« sozusagen gebüßt hat. Die Westdeutschen sind dann in Demokratie und Wohlstand eingebunden worden, und der Wohlstand war ja dann auch die große Anziehungskraft, die die Ostdeutschen 1989/1990 in die Einheit hat gehen lassen. Ohne ein Wohlstandsversprechen wäre es nicht gegangen. Nur wurde damals verpasst, und das ist auch nicht mehr nachzuholen, dass die Deutschen sich angucken und fragen: Wie wollen wir denn jetzt zusammenleben? Es war tatsächlich der Wille der Kohl-Regierung, dass unter Missachtung des Grundgesetzes gesagt wurde: Das Grundgesetz wird seinen Wirkungsbereich ausdehnen, es kommt kein neues Grundgesetz, keine damit verbundene Verfassungs- und Wertediskussion. Das alles ist abgewürgt worden. Die Bundesrepublik ist tatsächlich größer geworden, und das war es. Das hat eine Menge Probleme weggenommen, hat aber auch eine Menge Probleme geschaffen, zum Beispiel diese Identifikationsprobleme, die sich, auch heute noch, in niedrigen Wahlbeteiligungen niederschlagen. Ich bin überhaupt nicht geneigt, jemanden zu beschimpfen oder zu beschuldigen, das ist nun mal so. So, wie diese deutsche Einheit gelaufen ist, kann man keine anderen Wahlergebnisse oder keine anderen Wahlbeteiligungen erwarten.

VOLKER PANZER: Warum nicht?

THOMAS BRUSSIG: Ja, warum nicht? Na, bei Wahlen muss es um etwas gehen, da muss etwas zur Wahl stehen. Da muss ich das Gefühl haben, dass das, was ich wähle, auch Folgen hat für meinen Alltag. Also an den Ostdeutschen liegt es bestimmt nicht, denn eine der höchsten Wahlbeteiligungen in der deutschen Geschichte, nehme ich mal an, war die Volkskammerwahl 1990 mit über 90 Prozent. Und das war keine gefälschte Wahlbeteiligung, es war eine echte. Da zeigten die Ostdeutschen auch, dass sie als Wähler durchaus in der Lage sind, an die Urne zu gehen. Und dass sich das jetzt geändert hat, hat was mit dem Stichwort Fremdheit zu tun, das ja schon fiel. Das spielt mit hinein.

VOLKER PANZER: Hat denn das Eingemauertsein, wenn wir jetzt ein bisschen in die Psychologie hineingehen, etwas bewirkt, Frau Hensel? Sie haben ja in Paris studiert, Sie sind in der Welt herumgekommen. Herr Brussig sagte vorhin, er komme gerade aus Brasilien – er hatte eine Einladung, natürlich ist er dann hingefahren.

THOMAS BRUSSIG: Ja, genau. Ich kann keine Einladung in die weite Welt ausschlagen, so wie meine Eltern kein Essen wegwerfen können. Das sind ja Lebensmittel.

VOLKER PANZER: Ist das etwas, das uns unterscheidet? Wir Westdeutschen konnten reisen. Wir sind immer gereist. Ich war als Hippie ständig in Griechenland. Ist das ein Unterschied, der bis heute nachwirkt?

JANA HENSEL: Das Eingemauertsein war ja nur die äußere Form der innerlichen Verfasstheit. Ich glaube, dass die DDR ein durch und durch politisierter Raum war, viel stärker als die alte Bundesrepublik. Ich war in den letzten beiden Jahren häufig in Israel und erzählte einem Freund, dass mich das Land wahnsinnig fasziniert, und dann sagte er, und dieser Gedanke war mir vorher gar nicht gekommen: Ja, du fährst da immer hin, weil du dich nach der Mauer sehnst. Du sehnst dich nach dem Eingemauertsein. Was natürlich Quatsch ist. Aber Israel ist ähnlich wie die DDR – wie ich mich an sie erinnere, auch wenn ich es nur als Kind erlebt habe – ein sehr, sehr politischer Raum. Die DDR war eine Zukunftsgesellschaft. Sie ist auch daran gescheitert, dass diese Zukunftsfantasien nicht mehr getragen haben. Aber jeder Teil, jeder Mensch innerhalb dieser Gesellschaft war – wie soll man das sagen?

THOMAS BRUSSIG: Ein Soldat im Dienst einer Idee.

JANA HENSEL: Genau, es war eine Auftragsgesellschaft, um mit Heiner Müller zu sprechen: Eine Auftragsgesellschaft und eine Zukunftsgesellschaft. Die Identität des Landes und die Geschichte des Landes waren größer als jede einzelne Biografie darin. Und auch deswegen konnte man in der DDR durchaus in einer Nische wohnen, weil diese

Nische sich eben abgrenzte von dem durch und durch politisierten Raum. Das war die Bundesrepublik ...

THEA DORN: ... überhaupt nicht.

JANA HENSEL: ... nicht mehr. Und das ist eines der ganz großen Missverständnisse.

VOLKER PANZER: 25 Jahre später können wir uns doch nicht mehr darauf berufen, dass es so ist.

JANA HENSEL: Doch, weil sich die Dinge alle forterzählen. Weil diese Erzählungen alle nicht abgeschlossen sind und weil sie sich immer noch zeigen. Wir sagen: Die DDR war ein politisierter Raum. Jetzt sehen wir: Weniger als 50 Prozent gehen zur Wahl. Woran liegt das eigentlich? Wo sind alle diese Leute hin?

THOMAS BRUSSIG: Vielleicht sind die Wahlen einfach nicht mehr politisch? Wenn bei Bundestagswahlen die Pendlerpauschale die Fragestellung ist, die Regierung und Opposition entzweit, dann ist das eigentlich keine politische Wahl mehr.

JANA HENSEL: Ich würde das anders sagen. Ich glaube, auch der Nischenplatz in der DDR war politisch definiert.

THEA DORN: Weil er erobert werden musste.

JANA HENSEL: Ich glaube, viele Leute, die heute nicht zur Wahl gehen, erinnern sich daran bzw. haben das noch in sich. Sie halten das eigentlich immer noch für ein politisches Statement. 1989 hat man die DDR-Bürger im Westen empfangen und hat ihnen auf die Schulter geklopft, wenn sie distanziert zum politischen System gelebt haben. Man überwinterte in der Diktatur, wenn man sich nicht mit politischen Eliten einließ. Das war positiv, Distanz zum politischen System war positiv konnotiert. Da haben sich die Werte komplett vom Kopf auf die Füße gestellt. Plötzlich sollte man partizipieren, man sollte teilhaben an der Demokratie. Das sind ganz langwierige Wertewandel, um die man wissen und die man erkennen muss. Und noch einmal, ganz kurz: Was haben wir denn 1989 gemacht, als die Mauer gefallen ist? Wir haben die DDR-Bürger in Empfang genommen und ihnen gesagt: Okay, jetzt ist es endlich vorbei. Seid froh, vergesst alles, was Ihr erlebt habt, jetzt kommt das Neue. Wir sagen Euch schon, wie es geht. Man hat ihre Erfahrungen, ihre Prägungen nicht genommen, sie sich genau angeschaut und gefragt: Wie gehen wir mit diesen Prägungen um? Wie transferieren wir sie in ein komplett neues System? Manchmal denke ich, die alten Westdeutschen können die Amerikaner viel besser aus sich selbst heraus mit ihren eigenen Defiziten erklären als die DDR-Bürger. Die DDR-Bürger sollten von Anfang an umlernen, und wenn sie es nicht getan haben, siehe Sachsen-Wahl vor zwei Wochen, dann haben sie diese Defizite immer noch nicht begriffen. Diesen kompletten Wertewandel haben wir nämlich nie wirklich kommuniziert.

VOLKER PANZER: Gut, aber es sind 25 Jahre – kann man ein Vierteljahrhundert später tatsächlich noch diese Unterschiede festmachen?

JANA HENSEL: Ja.

THEA DORN: Ja.

VOLKER PANZER: In Ihrem Buch ›Die deutsche Seele‹ oder in einem Interview dazu schreiben bzw. sagen Sie: »Wir spüren ein wachsendes Deutschlandsehnen.« Was bedeutete das denn eigentlich: Deutschlandsehnen? Sind wir wieder zurückverwiesen auf »am deutschen Wesen soll die Welt genesen«?

THEA DORN: Nein, das hat damit gar nichts zu tun. Um die Frage ernsthaft zu beantworten, muss ich ein bisschen ausholen: Nach dem Zusammenbruch des real existierenden Kommunismus bzw. Sozialismus herrschte in den 90er Jahren die Idee, wir seien am Ende der Geschichte angekommen, es sei nur noch eine Frage der Zeit, bis die ganze Welt begriffen hat, dass der westliche Lebensstil inklusive Demokratie und kapitalistischem Wirtschaftssystem das einzige System ist, das am Schluss über alle anderen Weltanschauungen siegen wird. Jana Hensel hat das eben ganz richtig beschrieben – der Deal der Amerikaner mit Westdeutschland war nach 1949: Wir strafen euch milde bis gar nicht und wir helfen euch, dass ihr wirtschaftlich schnell auf die Beine kommt. Aber dafür, etwas überspitzt formuliert, lasst ihr künftig die Pfoten von der Politik. So wurde die Bundesrepublik aufgebaut und damit in ökonomischer Hinsicht zu einem unglaublichen Erfolgsmodell. Im Grunde war es das gleiche Angebot, das die Westdeutschen 40 Jahre später den Ostdeutschen gemacht haben.

JANA HENSEL: Genau, da war man selbst zu den Amerikanern geworden.

THEA DORN: Im Grunde haben sich die Westdeutschen den Ostdeutschen gegenüber ähnlich verhalten wie die Amerikaner 1949 den Westdeutschen gegenüber. Sie sagten: Vergesst am besten einfach mal ganz schnell. Und da zeigt sich das Paradoxe, um nicht zu sagen das Tragische der Demokratie bzw. des liberalen Verfassungsstaates. Wenn er einmal etabliert ist, wird er gewissermaßen unsichtbar. Die Demokratie, den Liberalismus gegen eine Diktatur durchzusetzen, ist natürlich ein gewaltiger politischer, ein revolutionärer Akt. Aber wenn dieses Modell dann gesiegt hat, zieht sich das Politische als lebensbestimmende Kraft zurück: Der Einzelne darf künftig ganz allein sehen, was er mit seinem Leben anfängt. Er muss für nichts Großes, Übergeordnetes mehr kämpfen, sondern nur noch dafür, dass er sein eigenes Leben irgendwie erfolgreich gestaltet. Auch wenn es – wie wir spätestens seit dem 9. September 2001 sehen – eine immense Selbsttäuschung ist, zu glauben, unser System sei durch nichts mehr in Frage gestellt – der westliche Liberalismus lädt dazu ein, sich ganz aufs Private, aufs Individuelle zu beschränken und zu vergessen, dass man Teil eines Landes, eines Volkes, einer Kultur ist, die nur fortbestehen kann, wenn es Menschen gibt, denen sie am Herzen liegt, und die bereit sind, für sie zu kämpfen.

THOMAS BRUSSIG: Hat es Ihnen dann erstmal gefehlt, dass die Bundeswehr keine Auslandseinsätze gemacht hat? Das ist ja im Zuge der Deutschen Einheit doch anders geworden: Die Deutschen haben das, was als Pazifismus bezeichnet wurde, obwohl es keiner war, aufgegeben und suchen nun nach einer größeren Rolle in der Welt, oder?

JANA HENSEL: Es geht um Verantwortung.

THEA DORN: Der deutsche Pazifismus in Ehren – aber insgeheim beruht er auf der äußerst bequemen Grundannahme, von der die Bundesrepublik seit ihrer Gründung ausgehen durfte: USA, macht ihr mal. Unsere Weste bleibt rein, wir selbst machen uns die Finger nicht schmutzig. Denn wir wissen ja: Der große Bruder aus Amerika wird uns im Ernstfall schon verteidigen.

THOMAS BRUSSIG: Nein, »Wir machen uns die Finger nicht schmutzig«, stimmt so nicht. Es geht auch darum, dass keine deutsche Mutter nach 1945 mehr fürchten musste, dass ihr Sohn in einem Krieg stirbt. Das ist nicht nur Finger-nicht-schmutzig-Machen, das ist wirklich etwas, das uns alle angeht.

THEA DORN: Damit es keine Missverständnisse gibt: Dass wir in Europa – das heißt korrekter: in West- und Mitteleuropa – seit bald 70 Jahren in Frieden leben, ist eins der größten Geschenke, die uns die Weltgeschichte gemacht hat. Dennoch erleben wir ja gerade in diesen Tagen, in der Ukraine und an der türkisch-syrischen Grenze, dass dieser neue europäische Friede eben keine Selbstverständlichkeit ist. Angesichts dieser Weltlage halte ich fundamentalpazifistische Lippenbekenntnisse für schwierig. Ich finde es empörend, dass unser Bundespräsident als Kriegshetzer diffamiert wird, nur weil er an die Realität erinnert, dass Kriege eben nicht aus der Welt sind, und dass es sein kann, dass auch Deutschland wieder in solche verwickelt wird. Der radikale Wandel von einem militaristischen in ein pazifistisches Volk, den die Deutschen nach dem endgültigen Zusammenbruch von 1945 vollzogen haben, ist sicher einer der größten Mentalitätswechsel, die es in der deutschen Geschichte gegeben hat. Wobei die Abkehr von allen übergeordneten Idealen, für die zu sterben man im Extremfall bereit wäre, im Westen vermutlich noch drastischer ausfiel als im Osten. Von den Amerikanern haben wir uns den »Way of Life« abgeschaut – mit ihrem Freiheitspathos und Patriotismus hingegen konnten wir nie wirklich etwas anfangen. Und die Weltlage schien uns – zumindest bis in die allerjüngste Vergangenheit – ja auch recht zu geben, dass wir am besten fahren, wenn wir uns aus der großen Politik heraushalten und stattdessen solide Autos, Dübel und andere nützliche Dinge produzieren.

THOMAS BRUSSIG: Dieses »Made in Germany« ist sozusagen deutsche Identität.

THEA DORN: Genau. Womit wir wieder bei der Entpolitisierung wären. Wobei dieser Produktstolz eher in der westdeutschen DNA steckt. Im Osten sah es ja so aus, dass eine totalitäre Staatsdoktrin von der nächsten totalitären Staatsdoktrin abgelöst wurde. Das Entlassen ins Unpolitische fand hier nicht statt.

VOLKER PANZER: Nein, ich würde das nicht gleichsetzen, Frau Dorn.

THEA DORN: Ich will die beiden deutschen Diktaturen des 20. Jahrhunderts ja auch nicht gleichsetzen. Mir geht es um die Frage, warum die Deutschen so bräsig geworden sind, seit sie in einer Demokratie leben. Im Westen liegt es wohl daran, dass Demokratie in der eben beschriebenen Weise als Entlassung ins ungestört Ökonomische, ins Unpolitische missverstanden wurde. Und im Osten muss man ziemlich weit in der Geschichte zurückgehen, um auf den letzten Demokratieversuch zu stoßen, nämlich bis in die Weimarer Republik.

JANA HENSEL: Ja, genau.

THEA DORN: Und wie wir wissen, hat die leider nicht besonders gut funktioniert, um es vorsichtig zu sagen.

JANA HENSEL: Interessant wäre, wenn wir uns darauf einigen, dass man nach 1945 und nach 1989 mit ähnlichen Mitteln versucht hat, die Probleme zu lösen, auch wenn es natürlich signifikante Unterschiede gibt: Das Wirtschaftswunder nach 1945 traf auf die Tätergeneration, während die blühenden Landschaften die Kinder der Täter versorgen sollten. Eine historische Erfahrung war hinzugekommen, nicht mehr nur die Erfahrung des Nationalsozialismus, sondern die Erfahrung des Sozialismus. Gleichzeitig waren auch die Westdeutschen im Hintergrund mit ihrer Geschichte beschäftigt. Es waren ja nicht die Amerikaner, die auf eine demokratische Geschichte zurückgeguckt haben, sondern es waren sozusagen die »re-educateten« Deutschen, die dann wiederum »re-educaten« wollten. Langsam fangen wir an, auch diese Fragen zu stellen, auch wenn ich manchmal denke, wir diskutierten immer nur den Mauerfall, alle fünf Jahre, wenn ein Gedenktag anfällt. Ich habe aber das Gefühl, dass in diesem Jahr das Nachdenken darüber anders aussieht.

Als wir vor fünf Jahren den 20. Jahrestag gefeiert haben, haben wir die ostdeutschen Biografien nacherzählt und gefragt, was aus den Menschen geworden ist. Das ist ja auch alles richtig, aber ich habe den Eindruck, dass die Erzählungen und die Fragestellungen größer werden. Das hat natürlich auch mit den aktuellen Entwicklungen in der Ukraine zu tun.

VOLKER PANZER: Ich möchte ins Jahr 2014 zurückkommen. Und möchte auch die Rolle Europas bzw. der EU in die Debatte einwerfen. Thea Dorn hat schon darüber gesprochen, dass Joachim Gauck in Polen gesagt hat: Wir müssen uns dagegen wehren, wenn irgendwas passiert. Er sagte wörtlich: »Die Geschichte lehrt uns, dass territoriale Zugeständnisse den Appetit von Aggressoren oft nur vergrößern.« Daraufhin gab es im Osten Deutschlands eine Diskussion, Bernd Riexinger von der Linken sagte: Gerade die Menschen im Osten wissen, dass wir für den Frieden auch den Ausgleich mit Russland brauchen. Dagegen ist ja erstmal gar nichts zu sagen. Die gleichen Linken gewinnen jetzt Wahlen auf Landesebene. Und Roland Jahn von der Stasi-Unterlagenbehörde sagt: Die Wähler, die die Linke wählen, kommen immer noch nicht mit der Freiheit zurecht. Wie ist diese Paradoxie eigentlich zu verstehen, Herr Brussig? Auf der einen Seite die zahlreichen Wähler, auf der anderen Seite die Angst davor, das Gleiche könne noch einmal passieren?

THOMAS BRUSSIG: Ich merke an Einladungen von Parteien, dass die Linke mit mir offenbar wenig bis gar nichts anfangen kann. Das muss ich vorwegschicken, weil das, was ich jetzt sage, beinahe so klingt, als ob ich ein Parteibuch von denen habe. Wenn wir über Freiheit reden, klingt der Freiheitsbegriff in diesen Diskussionen für mich immer danach, als wüssten die Ostler nicht, was Freiheit ist, als könnten sie damit nichts anfangen oder hätten Angst vor der Freiheit. Mir kommt es immer vor, als ob der amerikanische oder der amerikanisierte Freiheitsbegriff der gängige ist: Freiheit bedeutet demnach eben nur die Freiheit, Geld zu verdienen, andere zu betrügen und so weiter. Oder dies ist der Freiheitsbegriff, auf den wir uns geeinigt haben. Wenn in solchen Diskussionen von Freiheit die Rede ist, denke ich, wir sollten wirklich erst einmal klären, was die Beteiligten unter Freiheit verstehen. Wenn der US-Botschafter von Freiheit redet, denke ich immer, er spricht nicht von der Freiheit, die ich meine. Für mich ist Freiheit einfach etwas Anderes. Das ist vor allem ein Erlebnis.

VOLKER PANZER: Na ja, im Grundgesetz steht: »Die Würde des Menschen ist unantastbar.«

THOMAS BRUSSIG: »Die Würde des Menschen ist unantastbar.« Ja.

VOLKER PANZER: Redefreiheit zum Beispiel.

THOMAS BRUSSIG: Okay, das ist eine bürgerliche Freiheit.

VOLKER PANZER: Ja, es sind die bürgerlichen Freiheiten. Und die sind nicht zu hinterfragen.

THEA DORN: Reisen, wohin du willst. Du kannst dir den Beruf aussuchen …

THOMAS BRUSSIG: Wenn wir von den bürgerlichen Freiheiten sprechen, hat damit doch im Osten keiner ein Problem. Die Abwesenheit der bürgerlichen Freiheiten war einer der Gründe dafür, dass es 1989 zu dieser Revolution kam. Daran kann es also nicht liegen, dass die Ostler Angst hätten vor bürgerlichen Freiheiten oder nicht wüssten, was bürgerliche Freiheiten sind, oder was sie wert sind. Aber weil Sie gerade von Europa gesprochen haben und von den Russen die Rede war: Ich hatte schon 1990/91 ein sehr ungutes Gefühl dabei, dass – trotz Gorbatschow, der einer der Initiatoren dieser Entwicklung gewesen ist, die zum Mauerfall und zur europäischen Einheit führte – diese europäische Einheit tatsächlich nur eine west- und mitteleuropäische Einheit, aber eben keine osteuropäische Einheit geworden ist. Den Russen wurde damals der Stuhl vor die Tür gestellt. Gorbatschow war zwar gut genug, Osteuropa herauszulassen, aber dass die Russen dann den europäischen Prozess hätten mitgestalten können, ist ihnen nicht gestattet worden. Ich hatte schon damals das Gefühl, dass das nicht gut ausgehen würde, weil es moralisch nicht sauber war. Heute bezahlen wir den Preis dafür. Die Russen sagen nun nämlich: Na, wenn wir nicht Europa sind, dann sind wir eben Russland, ein großes und starkes und mächtiges Russland. Das sind Entwicklungen, die ich nicht gut finde. Aber wir können nicht so tun, als ob wir Deutschen nicht auch eine Aktie daran hätten.

Im Prinzip bezahlen wir heute für Irrtümer von vor ungefähr 20 Jahren.

VOLKER PANZER: Vor 25 Jahren oder 20 Jahren?

THOMAS BRUSSIG: Vor 20 Jahren. Vor 25 Jahren war es kein Irrtum, die Mauer einzureißen und auch die Deutsche Einheit zu wollen. Aber dann die Ostausdehnung der NATO: Wenn Sie Russe wären, wie würden Sie das finden, wenn die NATO sich plötzlich bis zum Baltikum ausbreitet und Sie als Russe aber nicht Mitglied werden lässt? Da ist doch klar, dass das nicht gut geht.

VOLKER PANZER: Hier kommen wir zu der paradoxen Situation, dass die Ukrainer jetzt überlegen, ihre Grenze gegenüber den Russen zu stabilisieren, indem sie eine Mauer bauen, zwar nicht mit Steinen, aber mit Stacheldraht. Und tatsächlich hat eine Untersuchung ergeben, dass ein Fünftel der Jugendlichen glaubte oder glaubt, dass die Mauer vom Westen gebaut worden ist, um die Flüchtlinge aus dem Osten abzuhalten. Erleben wir gerade eine Paradoxie der Geschichte? Frau Hensel?

JANA HENSEL: Nochmal zu Putin: Herr Brussig hat das, glaube ich, ganz schön zusammengefasst. Tatsächlich – auch das ist so ein Wert, der Ost und West weiterhin unterscheidet – sind die Umfrageergebnisse beeindruckend, wenn gefragt wird, wie wir mit Putin umgehen sollten und wie sich Deutschland gegenüber Russland verhalten sollte. Interessant ist das Gauck-Zitat, das Sie erwähnt haben. Es ist ja sehr kontrovers diskutiert worden, aber es ist nicht so, dass der Osten sich auf die eine und der Westen auf die andere Seite geschlagen hätte.

VOLKER PANZER: Mehrheitlich schon.

JANA HENSEL: Nein. Unter Historikern gab es ebenfalls eine breite Debatte, und dabei gab es auch viele westdeutsche Historiker, wie beispielsweise Herfried Münkler, die Herrn Gauck verteidigt haben.

VOLKER PANZER: Norbert Frei nicht.

JANA HENSEL: Norbert Frei nicht. Aber Herr Münkler hat zum Beispiel gesagt: Wir erwarten immer, dass die Deutschen aus der Schuld der Vergangenheit lernen, und wenn wir es dann tun, wie Herr Gauck das tut, dann muss man das auch zur Kenntnis nehmen. Interessant ist, dass die Ostdeutschen für Putin Verständnis haben. Ich glaube, dass sie einen Teil Putins verstehen und diesen artikulieren. Das ist genau der Teil, den Sie gerade genannt haben. Man hat ihn quasi nicht mit am Tisch der Großen sitzen lassen.

THOMAS BRUSSIG: Ja.

JANA HENSEL: Dafür rächt er sich jetzt. Das ist, glaube ich, vollkommen richtig. Und dafür empfindet man Verständnis, weil man es in Teilen selbst erlebt hat.

THOMAS BRUSSIG: Selbstverständlich. Ich finde nicht gut, was er macht, aber wenn man als Machtpolitiker eine Situation wie 1991 durchspielt, muss man sich darüber im Klaren sein, wohin das führt, wenn man es auf der anderen Seite auch mit Machtpolitikern und nicht mit Schnapsdrosseln wie Jelzin zu tun hat.

JANA HENSEL: Gut, ja. Aber genau das will ich sagen: Man äußert Verständnis für Putin, weil man glaubt, etwas Ähnliches erlebt zu haben wie er. Interessant ist, dass wir das öffentlich gar nicht diskutieren, dass wir natürlich gerade als Deutsche eine sehr geteilte Auffassung von Russland haben. Wir waren ja selbst quasi gerade noch Teil von Russland.

THOMAS BRUSSIG: Das müsste uns doch gerade zu Russland-Feinden machen.

JANA HENSEL: Genau. Aber was man natürlich ganz klar sagen muss, ist, dass die Mittel und Wege, die Putin geht, Antworten aus dem letzten Jahrhundert sind, und dass man das sehr stark kritisieren muss. Dass es alles andere als eine offene Gesellschaft ist, die Putin wieder auferstehen lässt: Es gibt keine Meinungsfreiheit, es gibt keine Pressefreiheit, Minderheiten werden nicht geschützt. Ich finde, auch das war Teil unserer Geschichte. Herr Brussig, wenn Sie sagen, die Ostdeutschen hätten keine Probleme mit bürgerlichen Freiheiten, dafür seien sie 1989 auf die Straße gegangen, bin ich total bei Ihnen. Aber das Vorgehen Putins ist eben ambivalent zu sehen. Wir verstehen es einerseits, weil wir die Demütigungen zu kennen glauben, und andererseits müssen wir sagen: Nein, er verhindert die Demokratisierung dieses wahnsinnig großen und sehr, sehr einflussreichen Landes.

VOLKER PANZER: Wird das im Westen auch so ernsthaft diskutiert, wie wir es jetzt gehört haben?

THEA DORN: Da scheint es mir nur bedingt einen Ost-West-Unterschied zu geben. Putin-Versteher und scharfe Putin-Kritiker gibt es hier wie dort. Ich glaube, in der ganzen Russland-Diskussion überlagern sich zwei Probleme: Zum einen hat die Linke, auch im Westen, schon zu Zeiten des Kalten Kriegs das sowjetische Atomwaffen-Arsenal irgendwie für weniger bedrohlich gehalten als das amerikanische. Zum anderen die gesamtdeutsche Michel-Haltung: Bloß aus allem raushalten. Bloß keinem Despoten auf die Füße treten, weil es sein könnte, dass der zurücktritt.

VOLKER PANZER: Es ist ja auch etwas dran an dieser Argumentation.

THEA DORN: Aber was? Ist das die Haltung eines erwachsenen Landes?

THOMAS BRUSSIG: Ja, ist es.

THEA DORN: Nein.

THOMAS BRUSSIG: Natürlich. Ich finde das jedenfalls erwachsener als das Verhalten der Amerikaner, die, wo immer etwas ist, hingehen und sich prügeln.

THEA DORN: Ich mag mir nicht ausmalen, wie Deutschland und Europa heute aussähen, hätten die Amerikaner im Zweiten Weltkrieg gesagt: Sorry guys, regelt das alleine! Besonnenheit ist eine Sache. Aber ich halte es schlichtweg für Feigheit, darauf zu spekulieren, dass uns die Schurken dieser Welt nicht überrollen werden, wenn wir sie nur in Ruhe lassen.

THOMAS BRUSSIG: Was heißt, nicht überrollen? Entschuldigung, die deutsche Verantwortung kann doch auch dadurch wahrgenommen werden, dass überall auf der Welt deutsche Schulen oder deutsche Universitäten gebaut werden.

Auch auf diesem Weg kann etwas bewegt werden.

THEA DORN: Es gibt aber Länder, wie Afghanistan, in denen man keine deutschen Schulen bauen kann, ohne dass das Militär neben diesen Schulen steht und sie bewacht.

THOMAS BRUSSIG: In diese Länder muss man ja nicht gehen.

THEA DORN: Natürlich können wir auch Schulen in Belgien bauen, das ist eine tolle Sache, aber vielleicht nicht so nötig.

THOMAS BRUSSIG: Was ist mit Pakistan? Was ist mit einem Land wie Kenia? Länder, die sich für ihre demokratische Entwicklung entschieden haben, in denen aber einfach ein bürgerlicher Humus gebraucht wird, Länder, die eine Zukunftsperspektive haben. Man muss ja nicht diesen Weg der Amerikaner mitgehen, überall dort hinzugehen, wo Konflikte sind. Das wird immer Verantwortung genannt. Verantwortung kann man aber auch anders verstehen.

THEA DORN: Die USA gehen doch schon lange nicht mehr überall hin, wo Konflikte sind. Aber ich weiß nicht, ob uns die Amerika-Diskussion an dieser Stelle weiterführt.

VOLKER PANZER: Das ist jetzt tatsächlich nicht unbedingt unser Thema. Wir sagen: Der Westen, das sind mehrere – bzw. der Westen ist mehr, im Sinne von Heinrich August Winkler –, der Westen ist nicht nur Amerika. Hier höre ich heraus, dass Amerika immer noch der Böse ist.

THEA DORN: Nein.

VOLKER PANZER: Aber bei Herrn Brussig.

THOMAS BRUSSIG: Nein.

THEA DORN: Darüber wollten wir uns gerade streiten.

THOMAS BRUSSIG: Es gibt so viele Dinge, für die ich die USA bewundere: die Integration, die diese Gesellschaft leistet, wie schnell man dort Amerikaner ist. In den USA wäre ich schon jetzt, wenn ich 1989 in die USA gegangen wäre, amerikanischer

Schriftsteller. Aber sicher. So einen Anti-Amerikanismus lasse ich mir nicht gerne unterstellen. Dazu habe ich viel zu viel Bewunderung für dieses Land.

VOLKER PANZER: Okay.

THEA DORN: Mich stellt diese Antwort noch nicht zufrieden. Woher nehmen die USA denn ihre große Integrationskraft? Daher, dass sie für eine bestimmte Idee stehen, nämlich die Idee, dass es jedem Menschen gestattet sein muss, auf seine individuelle Weise das Glück zu suchen. Daher, dass sie von all ihren Bürgern ein klares Bekenntnis zu dieser Idee verlangen. Und das ist eben der Unterschied zu Deutschland. Wir verstehen uns nur bedingt als ein Gebilde, das gemeinsame Werte vertritt – ganz gleich, ob wir vom politischen Wert der Freiheit oder von kulturell gewachsenen Werten reden. Aber nur wer an solche Werte leidenschaftlich glaubt, ist bereit, sie zu verteidigen.

THOMAS BRUSSIG: Aber wer greift sie denn an?

THEA DORN: Jemand wie Putin greift den Wert der Freiheit in so ziemlich jeder Hinsicht an. Aber natürlich können wir uns darauf ausruhen, dass er die Bundesrepublik ja nicht in unmittelbarer Weise attackiert.

THOMAS BRUSSIG: Das ist der Unterschied. Das ist ein wichtiger Unterschied.

THEA DORN: Sicher. Deshalb plädiere ich ja auch nicht dafür, Putin heute noch den Krieg zu erklären. Ich sage lediglich, dass ich diesen Mann für einen Erzschurken halte – und dass es mir naiv vorkommt zu glauben, man könne Erzschurken dauerhaft in Schach halten, indem man sie gewähren lässt, während man selbst es sich in einem entpolitisierten Wolkenkuckucksheim gemütlich macht.

THOMAS BRUSSIG: Aber dann frage ich nach deutschen Schulen in Lugansk und so weiter. Die gibt es da wahrscheinlich nicht, ja? Oder in Donezk. Zunächst einmal finde ich diese Entpolitisierung gar nicht so schlecht. Und das sage ich als ein Ostler, der wirklich ein durchpolitisiertes Leben bzw. eine sehr politisierte Jugend hatte, der also wirklich erlebt hat, wie alle in den Sinn einer Idee gestellt werden sollten. Aus diesem Blickwinkel finde ich die Vorstellung nicht bedenkenswert, dass Politik eigentlich gar nicht so wichtig ist. Dem Gedanken kann ich etwas abgewinnen. Wenn Politik ist, dass wir jetzt doch in Kriege ziehen sollten – ich verkürze oder vergröbere das einmal sehr –, das kann es dann auch nicht sein.

THEA DORN: Diese Haltung, Herr Brussig, ist solange schön, wie unsere zivile, individualistische Lebensform durch nichts bedroht ist. Da bin ich sofort bei Ihnen.

THOMAS BRUSSIG: Ist sie denn bedroht?

THEA DORN: Um nicht immer nur über Putin zu sprechen: Was ist mit dem verbrecherischen Irrsinn, den die selbst ernannten Gotteskrieger in Syrien und im Irak anrichten? Aus meiner Sicht ist unsere Lebensform durch totalitäre Systeme, die überall auf der Welt erstarken, bedroht, ja.

THOMAS BRUSSIG: Dann müssen wir doch nicht dahin gehen.

VOLKER PANZER: Wir gehen ja nicht dahin, wir liefern ihnen Waffen.

THEA DORN: Habe ich heute Abend irgendwann gesagt, dass wir jetzt sofort dahin gehen sollen? Dafür ist die Lage viel zu verworren – und die Erfahrung, die wir in Afghanistan machen, zeigt ja, dass man sich in einen solchen Krieg nur hineinziehen lassen sollte, wenn man irgendeine Idee hat, wie man für ein gutes Ende sorgen kann. Ich habe nur gesagt, dass wir ein Bewusstsein dafür entwickeln müssen, dass das, was uns lieb und teuer ist, bedroht ist, und dass die friedlichen Zeiten, an die wir uns gewöhnt haben, möglicherweise ihrem Ende entgegen gehen.

VOLKER PANZER: Ich würde die Diskussion gerne hier abbrechen und wieder auf unser Thema »Sind wir ein Volk?« zurückkommen. Frau Hensel, Sie haben die sehr schöne Formulierung vom ostdeutschen Ich-stehe-meinen-Mann-Feminismus gefunden. Für das vereinigte Land seien davon mehr positive Emanzipationsimpulse ausgegangen als vom Alice-Schwarzer-Feminismus der alten Bundesrepublik. Frau Dorn, ist dieser Satz für Sie richtig? Sie haben ›Die neue F-Klasse‹ geschrieben.

THEA DORN: Den würde ich unterschreiben. Ja.

JANA HENSEL: Vielen Dank.

THEA DORN: Der westdeutsche Feminismus ist mir bis zu meinem 25. Lebensjahr nur auf die Nerven gegangen. Ich selbst hatte das Glück, eine Ich-stehe-meinen-Mann-Mutter zu haben, deshalb verstand ich nicht, was die lila Klageweiber eigentlich wollten. Erst während des Studiums begann mir zu dämmern, welche patriarchalen Aberwitzigkeiten sich die alte Bundesrepublik geleistet hat. Zum Beispiel hätte mein Vater meiner Mutter noch während meiner Kindheit verbieten können, arbeiten zu gehen. Was er klugerweise nicht getan hat, da meine Mutter es war, die in den ersten Jahren die Familie ernährt hat. Alice Schwarzer und Co. haben sicher manche Strukturen aufgebrochen, die sich im Anschluss an die Nachkriegszeit, in der die meisten Frauen in Deutschland ihren Mann einfach stehen *mussten*, wieder neu zementiert hatten. Wenn wir aber über das reden, was heute wirkt, würde ich auch sagen, dass es die Art von Feminismus ist, die man nicht unbedingt Feminismus nennen muss, bei der man einfach davon ausgeht, dass männliche und weibliche Biografien ähnlicher sind, als es die klassische Aufteilung – die Frau bleibt zu Hause und der Mann geht hinaus ins feindliche Leben – nahe legt. Möglicherweise ist das eine zeitgemäße Form, um über Geschlechterleben zu diskutieren.

VOLKER PANZER: Dieser Ich-stehe-meinen-Mann-Feminismus heißt aber auch, dass es gar keine Wahl gab: Die Frauen mussten arbeiten und die Kinder sehr früh in Kinderkrippen oder -heime ausgelagert werden. Ist das so gewesen?

JANA HENSEL: Es sind eben diese Übertreibungen, Herr Panzer, die die Sache dann relativ schnell ad absurdum führen, wenn Sie von Kindergärten und -heimen so sprechen.

VOLKER PANZER: Aber es gibt ja diese Biografien.

JANA HENSEL: Ja, aber Sie wollten doch über das Thema Feminismus sprechen. Ich finde, der Feminismus, oder sagen wir, das in der DDR und in Ostdeutschland gelebte Geschlechterverhältnis, ist vielleicht das Entscheidende bzw. das, was die Bundesrepublik tatsächlich am stärksten verändert hat. Wir reden über Ganztagsschulen, wir wollen

Kita- und Krippenangebote usw. im ganzen Land schaffen. Wir gucken in die ostdeutschen Bundesländer und sehen die große Erwerbsneigung der Frauen, die große Partizipation der Frauen am Arbeitsmarkt. Wir sehen, dass die Einkommensverhältnisse zwischen Mann und Frau im Osten meist nicht differieren. Dieser sogenannte Gender Pay Gap, also die Differenz zwischen männlichen und weiblichen Einkommen, die im Westen sehr, sehr weit auseinander geht, gibt es im Osten nicht. Was wiederum auch damit zusammenhängt, dass es im Osten keine sehr, sehr gut verdienenden Manager gibt. Es hat alles immer seine Vor- und Nachteile. Der Osten ist also hinsichtlich der Geschlechter komplett anders aufgestellt als der Westen. Und meine These, die Herr Panzer ansprach, war, dass genau das das wiedervereinte Land viel stärker prägt als der viel berühmtere Alice-Schwarzer-Feminismus, auf den sich Westdeutschland gerne bezieht. Das ist insofern interessant, als wir jetzt eine ostdeutsche Familienministerin haben, Frau Schwesig, die das mit großer Vehemenz vertritt und durch die eigene Biografie verbürgt. Frau Schwesig hat, glaube ich, sehr weitreichende Vorstellungen von der Verteilung der Erziehungszeit auf Männer und Frauen.

Das kann sie in der Öffentlichkeit gar nicht so deutlich sagen, wie sie es eigentlich plant. Sie lebt das auch selbst: Sie hat ihren Mann in Schwerin, der Teilzeit arbeitet und sich um das Kind kümmert. Ihre Vorgängerin, Frau Schröder, hat sich dagegen, sobald sie ihren Bürotisch räumen musste, sofort wieder komplett der Mutterrolle gewidmet.

VOLKER PANZER: Wir kommen wieder zur Politik zurück. Wir haben ja auch eine Bundeskanzlerin.

JANA HENSEL: Wir haben auch eine Bundeskanzlerin, ja, das wollte ich auch noch sagen. Die haben wir auch. Ich rede sehr gerne über Angela Merkel. Darf ich anfangen?

THOMAS BRUSSIG: Wenn über Frauen geredet wird, darf ich nicht mitreden.

VOLKER PANZER: Doch, doch. Gleich. Noch etwas Geduld. Erstmal die Differenzen zwischen den beiden Damen. Frau Dorn schreibt: »Angela Merkel ist eine radikale Neudefinition Germanias; sie sorgt für Ruhe im Sandkasten.« Und Frau Hensel schreibt: »Trotz neun Jahren Bundeskanzlerin ist Angela Merkel eine schillernde, rätselhafte Frau.«

JANA HENSEL: Ich glaube, das schillernde Rätsel ist sie nicht. Aber ein Rätsel ist Angela Merkel sehr lange geblieben. Man fragte sich: Was ist eigentlich ihr Regierungsstil? Wie hält sie diesen Laden zusammen? Ich glaube, das hat damit zu tun, dass man ihren weiblichen Lebenslauf, der eine sehr starke DDR-Prägung hat, nicht lesen konnte, dass man darauf mit Befremden reagiert hat, dass man auch bei Angela Merkel nach den Spuren einer Alice Schwarzer suchte und nicht fand, weil sie sich ungern feministisch äußert. Sie hat mich einmal eingeladen, mit ihr in ihrem Büro über Feminismus zu sprechen. Das war interessant. Ich kam in dieses Zimmer und am Fenster stand ein Schachbrett, das hatte sie von einem arabischen Scheich bekommen, wie sie erzählte. Darauf sei sie besonders stolz, weil die Dame auf diesem Schachbrett die größte Figur war. Und dann sagte sie: Sehen Sie, die Dame ist am Zug. Und auch während des Gespräches, das später in einer Zeitung gedruckt wurde, hat sie oft solche Spitzen ausgesprochen, ist selbstbewusst aufgetreten und hat sehr offen über Frau-Sein gesprochen. Das hat sie hinterher alles wieder herausredigiert, wie auch ich das rausredigieren werde, wenn unser Gespräch erscheint. Es war interessant zu sehen, dass sie sich sehr bewusst darüber ist, was sie tut, dass sie aber vermeiden wird, das in der bundesrepublikanischen Öffentlichkeit zuzugeben und wie eine Monstranz vor sich herzutragen. Ich glaube, sie hat diesen männerdominierten westdeutschen Politikbetrieb sehr lange aus der Defensive und aus ihrer Oppositionsrolle heraus beobachten können und genau gewusst, was sie dann tun würde. Insofern: Ich stimme politisch nicht in allem überein mit ihr, aber ich bewundere sie. Ich muss wirklich gestehen, dass ich Angela Merkel für sehr, sehr vieles bewundere und dass sie für mich persönlich eine ganz wichtige Figur ist, auch in meiner eigenen Sozialisation. Auch in meinem eigenen Rollenbild – als Frau, als ostdeutsche Frau in der Öffentlichkeit, ist sie für mich ein Vorbild.

VOLKER PANZER: Frau Dorn: Angela Merkel hat Ruhe in den Sandkasten gebracht, sagen Sie. Ist sie eine gute Politikerin und hat sie tatsächlich als Germania, die Heldenhafte, die immer wieder Ausströmende, dieses Bild verändert?

THEA DORN: Ja. Einerseits gilt Deutschland als der starke Mann oder besser die starke Frau Europas, gleichzeitig hatten wir vermutlich noch nie einen Kanzler bzw. eine Kanzlerin, bei dem oder der man so wenig erkennen konnte, welches die politischen Kernüberzeugungen sind. Ich beobachte mit einer Mischung aus Faszination und Fassungslosigkeit, wie es Angela Merkel gelingt, mit souveräner Hand durch all die wirtschaftlichen Krisen der letzten Jahre zu steuern – ohne jemals zu irgendetwas klar Farbe zu bekennen. Außer dazu, dass sie Europa und den Euro für alternativlos und diese oder jene Debatte für nicht hilfreich hält. Möglicherweise ist Angela Merkel die kongeniale Kanzlerin für ein Volk, das sich nicht nach einem Menschen mit klarer politischer Haltung an seiner Spitze sehnt, sondern einfach nur besonnen verwaltet werden möchte. Mir hat einmal jemand aus dem Kanzleramt den schönen Satz gesagt: Die Kanzlerin segelt auf Sicht.

THOMAS BRUSSIG: Auf Sicht?

THEA DORN: Damit wollte er sagen, dass es kein festes Ziel gibt, sondern es wird geschaut, wie man durch die Wetter, die jeweils gerade aufziehen, möglichst unbeschadet hindurchkommt, auch wenn diese Manöver mit dem ursprünglich angekündigten Kurs nichts mehr zu tun haben.

VOLKER PANZER: Gauck und Merkel kommen ja beide aus diesem protestantischen Milieu in der DDR. Hat das etwas zu bedeuten? Oder ist das zufällig? Wenn man den westdeutschen Vorgänger des Bundespräsidenten ansieht, hat der kein großes Charisma entwickelt.

JANA HENSEL: Ja.

THOMAS BRUSSIG: Ja. Ich finde, dass Angela Merkel aus ihrer ostdeutschen Herkunft wenig macht. Sie macht überhaupt aus allem wenig. Aber sie schafft es, so gut es geht, vergessen zu lassen, dass sie aus dem Osten ist. Ich habe in den ersten Jahren ihrer Kanzlerschaft gedacht, hoffentlich klappt das, hoffentlich geht das gut, denn sonst werden alle in ihr den Ostler entdecken, nach dem Motto: Das kann ja nichts werden, wenn auch noch ein Ostler Deutschland regiert. Dieses Versagen und diese Häme blieben aus. Das ist auch ein Beitrag zum Stand der inneren Einheit und wie man aufeinander blickt. Wenn Toni Kroos' Fehler im

Finale – wir kommen noch zum Thema Fußball, ich weiß das, weil ich Ihren Fahrplan kenne – zum Sieg der Argentinier geführt hätte, hätten in Toni Kroos auch alle den Ostler entdeckt. Ich habe mit Angela Merkel kein Problem, aber – Sie haben diese unpolitischen Zeiten vorhin als Problem angesprochen – in unpolitischen Zeiten ist das eben die Art zu regieren. Mir ist das sympathischer, als wenn Frau Merkel eine Vision oder eine nationale Aufgabe ausrufen würde und uns alle dazu rekrutieren wollte.

VOLKER PANZER: Frau Hensel?

JANA HENSEL: Ganz kurz: Da muss ich Ihnen widersprechen. Ich glaube nicht, dass sie sich nicht als Ostdeutsche kenntlich macht. Denn genau das ist typisch ostdeutsch, sich darin nicht zu zeigen, sich quasi nahezu zum Verschwinden zu bringen. Das ist ein bisschen paradox, aber genau das ist das typisch Ostdeutsche an ihr, sie zeigt nicht, dass sie eine Ostdeutsche ist.

THOMAS BRUSSIG: Das ist nicht wahr, dass die Ostdeutschen nicht zeigen, dass sie aus dem Osten sind. Ich habe in diesem Gespräch immer wieder

auf meine Biografie verwiesen, darauf, dass meine ersten Lebensjahrzehnte sehr politisiert waren. Es ist ja nichts schlimmer, als wenn man irgendwo in einer Berghütte sitzt und ein Ostler fängt an, von seinem Leben zu erzählen. Ich meine, in einer Berghütte in den Alpen.

VOLKER PANZER: Na, wenn ein Saarländer daneben sitzt und erzählt, ist es auch nicht besser.

THOMAS BRUSSIG: Ich denke nicht, dass Ostler hinterm Berg halten, dass sie Ostler sind, es sei denn, sie sind Bundeskanzlerin.

JANA HENSEL: Ob das richtig ist oder nicht, ist eine andere Frage. Aber ich glaube trotzdem, dass es ein Erfolgsmodell der Ostdeutschen ist, dass sie sich nicht kenntlich machen. Noch einmal: Angela Merkel hat das Land sehr verändert. Schauen wir alleine, wie viele Frauen es inzwischen in der Bundesregierung gibt; wir reden inzwischen über gleichgeschlechtliche Ehe, wir reden wirklich über Kita-Plätze und so weiter. Ich glaube, sie führt dieses Land mit Souveränität. Schauen Sie, wir hatten die Euro-Krise, die Finanzkrise. Schauen Sie zum Vergleich in die Nachbarländer.

THOMAS BRUSSIG: Aber hat sie denn wirklich die Homo-Ehe angeregt? In diese Diskussion wollte sie sich nicht einmischen, um da nicht unter die Räder zu kommen. Der Euro, das ist ihr eine Herzensangelegenheit. Das ist wahr. Da gibt es tatsächlich eine Krise, und da reagiert sie. Aber diese Tagesdebatten, bei denen man sich schmutzig machen kann, bei denen man Wähler verlieren kann, da hält sie sich weise bzw. sehr geschickt heraus.

JANA HENSEL: Aber schauen wir doch mal auf die anderen europäischen Länder. Wir hatten bis vor kurzem in Italien einen Berlusconi, wir haben einen Hollande, der extrem gebeutelt ist und der jetzt hinnehmen muss, dass seine Frau ihre Biografie veröffentlicht. Das sind doch alles Situationen, in die uns Angela Merkel nie im Leben bringen wird.

VOLKER PANZER: Ich will noch zum Fußball kommen. Die Zeit läuft uns weg.

JANA HENSEL: Nochmal: In Angela Merkels Leben hat man doch jeden Stein umgedreht. Im letzten Jahr ist nochmal eine Biografie erschienen, die die

›Bild‹-Zeitung groß aufgemacht hat, und die uns noch einmal von dem geheimen Leben der Angela Merkel erzählen will. Diese Frau ist so protestantisch, so redlich. Ich glaube, wir haben noch gar nicht verstanden, wie froh wir darüber sind, dass sie uns von ganz vielen Dingen fernhält.

THEA DORN: Das klingt jetzt aber wirklich nach Kindern, die froh sind, wenn Mutti neben dem Sandkasten steht und aufpasst, dass sie keins auf die Nase kriegen.

THOMAS BRUSSIG: Als hätten wir unter Schröders vier Ehen gelitten. Also so ist es doch nun auch nicht.

VOLKER PANZER: Schröder hat wenigstens die Agenda 2010 in die Wege geleitet. Ein Reformvorhaben habe ich von Frau Merkel noch nicht gesehen.

JANA HENSEL: Vielleicht haben Sie nicht unter Schröders vier Ehen gelitten, ich auch nicht wirklich. Aber erinnern Sie sich? Schröder warf seinen Posten hin, weil er keine Lust mehr hatte, weil seine Partei nicht das machen wollte, was er machen wollte.

THOMAS BRUSSIG: Er ist abgewählt worden.

JANA HENSEL: Nein, er hat Neuwahlen initiiert, wenn Sie sich recht erinnern, weil seine Partei nicht das machen wollte, was er machen wollte.

THOMAS BRUSSIG: Nein, nachdem er die Landtagswahlen in Nordrhein-Westfalen verloren hatte, hat er Neuwahlen angesetzt. Er hat wie ein Politiker reagiert.

VOLKER PANZER: Er hätte beinahe gewonnen. Beinahe. Jetzt Fußball.

THEA DORN: Halleluja.

VOLKER PANZER: Sind wir denn wenigstens ein Volk, wenn man an den Fußball denkt? 1954 Weltmeister. 1990, als wir Einheit wurden, Weltmeister. 2014, 25 Jahre nach dem Mauerfall, wieder Weltmeister. Herr Brussig, Sie haben 2005 die Autorennationalmannschaft, die Fußballnationalmannschaft der Schriftsteller, gegründet. Wie ist die aufgestellt?

THOMAS BRUSSIG: Ich habe damals auch nach türkischstämmigen deutschen Schriftstellern gesucht. Ich wollte sie unbedingt dabeihaben. Ich habe Wladimir Kaminer angesprochen, weil ich den Begriff des Deutschen oder der deutschen Literatur weiten wollte. Herta Müller ist ja auch erst eine deutsche Schriftstellerin, seitdem sie den Literaturnobelpreis bekommen hat, bis dahin war sie eine rumänische Schriftstellerin. So wollte ich von vornherein die ganze Vielfalt der deutschen Literatur dabeihaben. Leider gibt es unter den von mir besonders Angesprochenen und Gesuchten wenige, die auch als Fußballer zu gebrauchen sind, wie auch ich. Der größte Dienst, den ich dieser Mannschaft antun konnte, war, dass ich gesagt habe: Ich spiele nicht mehr für euch. Das wird nichts mit mir.

VOLKER PANZER: Wieso? Haben Sie so schlecht gespielt?

THOMAS BRUSSIG: Ich bin ein lausiger Fußballer. Aber die deutsche Fußballnationalmannschaft, die richtige meine ich, ist ein Vorreiter. Sie hatte und hat kein deutsch-deutsches Problem in ihren Reihen. Und sie hat das mit der Integration in den letzten Jahren ganz gut hingekriegt. Wir haben uns an dunkelhäutige Nationalspieler gewöhnt. Wir haben uns an Nationalspieler gewöhnt, die die Nationalhymne nicht mitsingen oder die einen türkischen Nachnamen haben. Dafür, dass sie auch als Deutsche verstanden werden, hat der Fußball eine wichtige Pionierfunktion, eine Vorreiterfunktion. Da ist der Fußball weiter als die Gesellschaft.

VOLKER PANZER: Möchten die Damen widersprechen, sonst nehme ich das als ein sehr schönes Schlusswort?

JANA HENSEL: Ja, gern.

THEA DORN: Nehmen Sie es als Schlusswort.

THOMAS BRUSSIG: Das hat der Fußball nicht verdient ...

VOLKER PANZER: Meine Damen, mein Herr, die gute Stunde Rückblick auf ein historisches Ereignis ist zu Ende. Ich hoffe, wir haben vielleicht doch noch das eine oder andere Persönliche in die nicht enden wollende Debatte über Volk und Vaterland einfügen können.

Ich bedanke mich bei Thea Dorn, Jana Hensel und Thomas Brussig. Und natürlich auch bei Ihnen, die nach Schloss Neuhardenberg gekommen sind. Bis zum nächsten Neuhardenberger ›Gespräch zur Zeit‹ soll ein Franzose das letzte Wort haben, es ist so rätselhaft wie treffend, wenn man an die verschiedenen Länder und Landsmannschaften, an Bayern, Mecklenburger usw. denkt. Victor Hugo sagt nämlich: »Deutschland ist das Indien des Abendlandes.«

Dankeschön.

Autoren und Stiftung

THOMAS BRUSSIG, geb. 1964 in Ost-Berlin, ist Film- und Fernsehdramaturg und arbeitet seit 1995 als freiberuflicher Schriftsteller. Seine Bücher wurden vielfach ausgezeichnet, übersetzt und verfilmt. Zu seinen wichtigsten Arbeiten zählen die Romane ›Helden wie wir‹ (1995) und ›Am kürzeren Ende der Sonnenallee‹ (1999). 2004 erschien sein Wenderoman ›Wie es leuchtet‹. Für das Udo-Lindenberg-Musical ›Hinterm Horizont‹, das seit 2011 sehr erfolgreich im Berliner Theater am Potsdamer Platz aufgeführt wird, schrieb er das Libretto. Für ›Sonnenallee‹ erhielt er den Drehbuchpreis der Bundesregierung.

JANA HENSEL, geb. 1976 in Borna, ist Schriftstellerin und Journalistin. Ihr Sachbuch ›Zonenkinder‹, das 2002 erschien, stand über ein Jahr auf der Sachbuch-Bestseller-Liste des ›Spiegel‹ und wurde in mehrere Sprachen übersetzt. 2008 veröffentlichte sie ›Neue deutsche Mädchen‹; 2009 erschien der

Essayband ›Achtung Zone! Warum wir Ostdeutschen anders bleiben sollten‹. 2010 erhielt Jana Hensel den Theodor-Wolff-Preis der deutschen Zeitungen für den Artikel ›Vater Morgana‹ in ›Die Zeit‹. Seit 2012 ist sie Stellvertretende Chefredakteurin der Wochenzeitung ›Der Freitag‹.

THEA DORN, geb. 1970 in Offenbach, ist Schriftstellerin. Nach dem Studium der Philosophie unterrichtete sie dieses Fach an der FU Berlin, später arbeitete sie als Dramaturgin am Schauspielhaus Hannover. Neben Romanen (u. a. ›Die Hirnkönigin‹ (2001), ›Mädchenmörder – Ein Liebesroman‹ (2008)) veröffentlicht sie Essays, Theaterstücke und Drehbücher (u. a. für den ›Tatort‹). 2006 erschien ihr erstes Sachbuch ›Die neue F-Klasse‹, ein Beitrag zur Geschlechter- und Feminismusdebatte, 2011 (gemeinsam mit Richard Wagner) ›Die deutsche Seele‹. Von 2003 bis 2014 moderierte sie verschiedene Büchersendungen beim SWR-Fernsehen.

VOLKER PANZER, geb. 1947, arbeitete nach dem Studium der Germanistik, Soziologie und Pädagogik seit 1977 als Journalist für das ZDF (›aspekte‹, ›Terra X‹) und als Redaktionsleiter ›Kunst und

Publizistik‹ von 1992 bis 1994 beim Deutschlandsender Kultur. Er leitete von 1994 bis 1997 die ZDF-Redaktion ›Kultur und Gesellschaft‹ und hat 1997 das ›ZDF nachtstudio‹, dessen Leiter und Moderator er bis 2012 war, aus der Taufe gehoben.

Die STIFTUNG SCHLOSS NEUHARDENBERG, eine Stiftung der Sparkassen-Finanzgruppe, betreibt seit 2002 in Schloss Neuhardenberg ein Zentrum für Kunst und Kultur, Wissenschaft und Wirtschaftsethik mit einem Fünf-Sterne-Hotel und zwei Restaurants. Schloss Neuhardenberg ist Refugium und Bühne zur Welt. Einerseits ein ruhiger Ort der Konzentration für Gespräche und Konferenzen, andererseits ein Platz für internationale Produktionen, die sich künstlerisch, politisch und wissenschaftlich den Fragen und Aufgaben der Gegenwart stellen. Das ruhige, genaue Produzieren, das gelassen-intensive Gespräch, das Zuhören, das Nachdenken: diese Grundformen der Daseins- und Schaffensweise sollen der hastigen Sucht nach schnellen Informationen die Muße und die Gelassenheit des Verstehens entgegensetzen und sind Fundament für das Veranstaltungsprogramm. Ziel ist es, in Neuhardenberg einen Ort zu schaffen, an dem Gewusstes neu gedacht, schon einmal Gehörtes wieder zur Sprache gebracht, Gesehenes erneut betrachtet, Empfundenes berührbar gemacht werden kann.

Stiftung Schloss Neuhardenberg
Eine Gesellschaft des Deutschen Sparkassen- und Giroverbandes
Generalbevollmächtigter und Geschäftsführer:
Bernd Kauffmann
Vorsitzender des Aufsichtsrats und des
Kuratoriums: Georg Fahrenschon
Kurfürstendamm 214, 10719 Berlin, Germany